Bruno Rauseo

Au fil de sa vie

Bruno Rauseo

Au fil de sa vie

Éditions Muse

Imprint

Cover image: www.ingimage.com

Publisher:
Éditions Muse
is a trademark of
International Book Market Service Ltd., member of OmniScriptum Publishing Group
17 Meldrum Street, Beau Bassin 71504, Mauritius

Printed at: see last page
ISBN: 978-620-2-29434-8

« Au fil de sa vie »

Court métrage fantastique de 19 mn

Ecrit

Par

Bruno RAUSEO

2511 CHEMIN DES PARTIES

84220 Cabrières d'Avignon

rauseobruno22@gmail.com

06.16.65.40.50

Développement dialogué

1. INT - HALL DE CINEMA – NUIT.

On découvre les traits fins du visage de FEDERICO et sa tache de naissance sur la joue. Malgré ses vingt ans, il parait plus mature. Il dégage à la fois une sérénité et une gaité communicative. Il est accompagné par TOMASO, un trentenaire aux traits similaires aux siens ainsi que par deux quinquagénaires, VITO et MELA. Ensemble, ils patientent devant la billetterie d'un cinéma de quartier. MELA sort un billet de banque de son sac à main puis le tend à Federico.

MELA (Souriante)

Chéri, va nous chercher des boissons le temps qu'on prenne les places, tu veux bien ?

TOMASO (S'interpose)

Laisse, je vais y aller.

Mela regarde Federico puis agrippe TOMASO et VITO. Ils se rendent alors tous les trois vers le stand de pop-corn. Federico les regarde s'éloigner. Depuis la file qui se réduit, il voit Mela indiquer du doigt une porte bien précise avant de s'y engouffrer. Désormais près de la porte indiquée, il se retourne vers le hall et marque un temps. On voit un afflux massif de nouveaux spectateurs. Le vacarme s'intensifie. Bizarrement, il ne perçoit alors que des visages flous sur des corps bien nets. Il se frotte ensuite les yeux puis franchit la lourde porte menant à la salle.

2. INT - COULOIR MYSTERIEUX – NUIT.

On découvre un couloir sombre dont les murs sont tapissés de motifs difformes. Pensant s'être trompé, Federico essaie en vain de rouvrir la porte derrière lui tandis qu'une autre grince à l'autre bout et éveille sa curiosité. Il s'avance alors dans le couloir d'un pas décidé. Les motifs du papier peint se mettent à bouger et l'on entend des voix sourdes à mesure qu'il s'avance. Avant de franchir encore cette nouvelle porte, il marque un temps.

3. INT – SALLE DE CINEMA – NUIT.

Il découvre des rangées de sièges vides. Une jeune femme aux longs cheveux soyeux et aux grands yeux clairs surgit alors de nulle part puis se fige à son encontre en lui souriant.

JEUNE FEMME (Fixant Federico)

Bonjour, bien…Bienvenue

Il est visiblement charmé. Troublée elle aussi, elle détourne ensuite son regard et fait tomber sa lampe torche que Federico s'empresse de ramasser en même temps qu'elle. Leurs mains se frôlent alors un bref instant avant qu'ils ne se relèvent.

JEUNE FEMME (Intimidée)

Désolée, je suis toujours maladroite quand…enfin… Vous voulez…Euh, me suivre s'il vous plait.

FEDERICO (Intrigué)

On se connait, non ?

La jeune femme rit nerveusement puis lui indique un siège avec sa lampe torche. Federico la suit en observant la salle. La lumière d'un projecteur retransmet des images altérées par le temps sur le grand écran. Des statues d'inspiration antique sont disposées de part et d'autre. Il s'installe timidement.

FEDERICO (Déçu)

Le film a déjà commencé ?

La jeune femme dévoile un sourire énigmatique puis se retire sous le regard charmé de Federico. Les images s'animent à l'écran et le titre du film « Œdipe Roi » de Pier Paolo Pasolini apparait alors. Federico montre son étonnement pendant que les images se succèdent. Il regarde autour de lui et trouve alors un vieil homme aux lunettes noires assis quelques rangées plus loin, en retrait. Son regard oscille entre ce dernier et l'écran. Après un moment, il se lève puis s'approche de lui d'un pas décidé.

FEDERICO (Au vieil homme)

Excusez-moi…

Le vieil homme, bien installé dans son siège, sanglote. A l'écran, Œdipe explique à ses parents qu'il part rencontrer l'oracle à cause d'un rêve prémonitoire qui l'a perturbé.

FEDERICO (Voix appuyée)

Monsieur ? Vous pouvez me dire --

VIEIL HOMME (A FEDERICO)

Tu vas laisser Tomaso se suicider ?

FEDERICO hausse les sourcils et marque un léger retrait.

VIEIL HOMME (Insistant)

Tu es certain de vouloir vivre avec cette fille ?

FEDERICO (Gêné)

Euh, vous devez confondre.

VIEIL HOMME

Tu dois choisir. Soit il meurt, soit tu la perds.

FEDERICO (Intrigué)

Attendez, vous connaissez Tomaso ?

VIEIL HOMME (Meurtri)

Je le revois encore devant moi…pendu !

FEDERICO (Agacé)

Mais qu'est-ce que vous racontez ?

VIEIL HOMME (Apeuré)

Tu dois sauver TOMASO !

Federico s'écarte brusquement du vieil homme. Il court vers la sortie puis tombe nez à nez avec la jeune femme.

JEUNE FEMME (En chuchotant)

Prends-le ! Il te protègera.

Elle attache ensuite délicatement un bracelet à son poignet. Soudain, le boitier vert de l'issue de secours sur laquelle une flèche indiquant la direction à suivre se met à grésiller. Le personnage dessus se rend dans le sens opposé à la flèche. Federico le regarde, intrigué. La lumière de la salle de cinéma s'éteint soudainement, l'écran devient noir, la lumière verte du boitier cesse de grés

4. INT – FUNERARIUM ET VILLAGE – JOUR.

Federico, affolé, se redresse dans un cercueil. On voit une pièce vide dans laquelle une dizaine de chaises sont placées en rang face à lui. Il s'en extirpe avec stupeur puis regarde avec attention toute la pièce. Une seule chose l'interpelle pourtant, une photo encadrée de Tomaso posée sur une table proche du cercueil. La porte d'entrée s'ouvre et on entend le bruit du vent. Il repose le cadre. Federico traverse maintenant un village. Il n'y a aucun signe de vie. Les voitures sont à l'arrêt, certaines ont des portières ouvertes. Il tente d'ouvrir la porte d'une boutique et la trouve close puis il rejoint l'avenue principale jusqu'à un rond-point mais ne trouve toujours personne. Il traverse le rond-point dans le sens inverse des aiguilles d'une montre et l'on voit un feu de signalisation passer du rouge à l'orange puis au vert sans qu'il ne le remarque. Il se met à courir puis on le voit essoufflé à l'approche d'une grande maison. Il s'avance vers l'entrée et on entend des cris provenant de l'intérieur.

5. INT – MAISON FAMILIALE – JOUR.

A l'intérieur, il s'avance vers le salon. On découvre Tomaso assis sur le canapé, l'air abattu. On voit des photos de lui et Federico, enfants, dans des cadres posés sur un buffet. Vito et Mela, debout face à Tomaso, s'agitent avec fureur en faisant les cents pas. Federico s'approche sans que personne ne le remarque puis se fige, l'air apeuré. Mela renverse un vase qui se brise à terre. Vito déchire avec rage une grande enveloppe orange en fixant Tomaso, resté assis.

VITO (Enragé)

Comment t'as pu signer ce contrat dans notre dos ?

TOMASO (Voix tremblante)

J'ai toujours voulu m'engager.

MELA (Agressive)

Si tu penses qu'on va te laisser gâcher ta vie dans l'armée.

TOMASO (Abattu)

Mais je ne suis pas un pantin. J'ai aussi --

MELA (Agressive)

T'es qu'un égoïste. !

VITO (Froid)

Tu te rends compte de ce qu'on te lègue ?

Mela s'installe sur le canapé, l'air abattu au milieu des morceaux d'enveloppe déchirée.

MELA (Triste)

Je pensais vraiment que tu comprendrais. Si on a construit tout ça, c'est pour vous… Pour toi ! C'est une vie entière de travail.

VITO (Pointant du doigt)

Ton frère a tout plaqué mais toi, pas question !

Federico, jusqu'alors immobile, s'avance vers Tomaso. Il s'apprête à prendre la parole mais Vito se retourne soudainement et lui fait face. Père et fils se fixent intensément. Federico a visiblement peur de la confrontation avec son père que l'on voit crispé, il respire fort. Federico reste pétrifié tandis que Tomaso se lève subitement, l'air perdu et quitte la pièce.

MELA (A TOMASO)

REVIENS !

Mela se lève et s'arrête à proximité de Federico qu'elle regarde avec mépris.

MELA (A FEDERICO)

Tout ça c'est de ta faute. Vous pensez qu'à vous et à vos petites vies. On s'est sacrifié pour vous et c'est comme ça que vous nous remerciez ?

FEDERICO (Dégouté)

C'est trop compliqué pour toi d'imaginer qu'on s'intéresse à autre chose que l'héritage ? On devrait subir sans rien dire ? C'est pas parce que t'as été obligée de reprendre l'entreprise très jeune qu'il faut faire pareil. Nous on a notre propre vie, pas comme toi qui a été esclave. Tant pis pour toi si tu n'as pas su dire non…

Face à cette réflexion, Mela réagit spontanément et le gifle. Un cri retentit au même instant à l'étage. Mère et fils se figent, interdits. Federico, surpris, se tient la joue, Mela est sans souffle. Vito quitte la pièce à toute allure.

6. INT – CHAMBRE DE TOMASO – JOUR.

Vito ouvre la porte de la chambre de TOMASO et se raidit, son visage se décompose, il pleure. Mela le rejoint et pousse un cri de douleur avant de tenter de sauver son fils de la pendaison. Federico arrive ensuite. Il est choqué. On découvre lentement le corps de Tomaso, sans vie. Mela enlace le corps de son fils.

MELA (En pleurs)

NOOOOOOOOOOOON.

Elle le serre ensuite contre elle en hurlant. Federico regarde avec stupeur son défunt frère, il est pris de violents tremblements. Il voit ensuite à travers la fenêtre le vieil homme à lunette devant l'entrée de sa maison qui regarde dans sa direction. Vito se couvre le visage pour cacher ses larmes tandis que Federico quitte la chambre en courant.

7. EXT – ENTREPRISE FAMILIALE – JOUR.

Le ciel s'assombrit. Federico court jusqu'au milieu de la rue et évite in extremis une voiture qui roule tout à fait normalement mais en marche arrière. Le conducteur regarde pourtant devant lui et ne remarque pas qu'il manque de renverser Federico. Ce dernier balaie du regard les environs, l'air totalement perdu. Un bref instant, il aperçoit le vieil homme empruntant une ruelle et le poursuit à toute vitesse. Arrivé au croisement, il le voit à nouveau en emprunter une autre puis une autre encore le menant ainsi jusqu'à une petite place commerçante. Arrivé là, le vieil homme a disparu. Il le cherche mais en vain. Une seule chose l'interpelle vraiment, la devanture d'une boutique d'huile d'olive, colorée, attrayante et lumineuse. Sur son bandeau est écrit « Une histoire d'olive, entreprise familiale ». A travers la vitre, on reconnait Tomaso, vivant ! Soudain, des passants surgissent de part et d'autre. Federico s'avance l'air ébahi vers l'entrée en les évitant puis pousse la porte. Tomaso range sereinement des produits sur une étagère et manque de tomber de la chaise sur laquelle il était monté. Il évite alors une chute in extremis. Federico le fixe puis court vers lui et le prend dans ses bras. Tomaso est surpris par cet élan d'affection.

TOMASO

Qu'est-ce qui t'arrive ? T'es à l'heure maintenant ?

Tomaso, gêné, se détache de son frère en souriant.

FEDERICO (Essoufflé)

J'comprends rien, t'étais à la maison. Ils t'hurlaient dessus, t'es monté et j't'ai vu… mort !

TOMASO (Riant)

Mort ? T'as pris un coup sur la tête ? C'est le mariage qui te rend comme ça ? T'es vraiment à côté de la plaque. Bon allez ! Arrête de dire n'importe quoi et répare cette chaise avant qu'elle nous lâche.

Tomaso le pousse jusqu'au comptoir puis l'installe derrière la caisse enregistreuse. Un client entre au même moment.

FEDERICO (Perturbé)

Marié, Moi ? Mais avec qui ?

TOMASO s'approche du client mais se tourne un bref instant.

TOMASO (L'air étonné)

Avec une femme magnifique. T'es un sacré veinard !

Federico, pensif, est assis derrière la caisse. A travers son regard, on voit Tomaso discuter avec le client sans que l'on comprenne la teneur de leur échange. Après un instant, ils s'avancent vers lui et lui parlent sans qu'aucun son ne sorte de leurs bouches. On les voit alors rire et se moquer. Tomaso fait le tour du comptoir tout en s'excusant auprès du client.

TOMASO (Au client)

Excusez-le, c'est un jeune marié, il est…perturbé.

LE CLIENT (Riant)

OH ! Comme je le comprends, j'étais pareil à son âge.

Tomaso pousse Federico vers le pas de la porte puis l'éjecte à l'extérieur sans que ce dernier ne se défende.

TOMASO (Inquiet)

Je dirai aux parents que t'as passé la journée avec moi, mais tu devrais vraiment te changer les idées.

FEDERICO (Implorant)

Te suicide pas ! Ils finiront par accepter ton projet. J't'aiderai…Mais fais pas ça, s'il te plait.

Tomaso est d'abord choqué puis gêné. Il détourne son regard et referme la porte mais juste avant, il s'arrête dans son élan.

TOMASO (Gêné)

Tu m'fais vraiment peur là.

8. EXT - PLACE COMMERCANTE – JOUR.

Federico reste un instant immobile puis fait quelques pas ensuite, l'air perdu. Les passants vont et viennent, la circulation est dense et le soleil est éclatant. Il longe maintenant les boutiques qui foisonnent sur l'avenue commerçante d'un pas incertain. On s'aperçoit que tous les passants, sans exception, se dirigent dans son sens contraire à tel point qu'il est obligé de slalomer pour les éviter. Lorsqu'il retrouve un peu d'espace, il porte son attention sur une boutique spécialisée dans les robes de mariées et s'en approche lentement avant de regarder à travers la vitrine. A l'intérieur, une jeune femme dont on ne perçoit pas le visage essaie une longue robe d'une blancheur immaculée.

On voit le visage de Federico entre deux modèles d'exposition collé à la vitrine avec ses deux mains plaquées dessus. Quant à la jeune femme, elle est sur un rehausseur et patiente pendant que la couturière travaille minutieusement sur sa tenue. A travers le regard de Federico, depuis l'extérieur, on tente de percevoir le visage de cette jeune femme qui s'admire devant un large miroir. Un bref instant, il se dévoile et l'on découvre qu'il s'agit de la mystérieuse jeune femme du cinéma. Au même moment, elle croise le regard de Federico par le reflet dans le coin inferieur du miroir. Aussitôt, elle prend peur et tente de cacher sa tenue, l'air affolé. La couturière, près d'elle, arrête instantanément sa retouche et se tourne vers Federico avec les gros yeux. Elle se dirige maintenant d'un pas décidé vers la sortie et l'on retrouve alors Federico, désorienté qui tente de retrouver la jeune femme à travers la vitre.

COUTURIERE (Autoritaire)

Mais monsieur, vous ne devez pas voir la robe de votre future femme avant le mariage. Et puis relevez-vous voyons.

Federico se tourne vers la couturière et la fixe sans rien lui dire. A l'intérieur de la boutique, la jeune femme tente maladroitement de dissimuler sa robe derrière le miroir. La couturière attend toujours une réponse qui ne vient pas.

COUTURIERE (Agacée)

Allez, ne restez pas là. Cela porte malheur.

Federico regarde la vitrine mais le reflet du vieil homme lui apparait clairement. Ce dernier se tient de l'autre côté du passage clouté, appuyé sur sa canne. Il sourit de façon énigmatique sans bouger. Federico se retourne brusquement.

COUTURIERE (Pointant du doigt le vieil homme)

Demandez-lui, vous saurez tout.

Federico s'avance d'un pas incertain vers le vieil homme qui patiente, immobile de l'autre côté de la double voie, la circulation est désormais plus calme, le soleil brouille la vision de Federico et les cloches de l'église en contrebas resonnent fortement. Il s'apprête maintenant à traverser le passage clouté mais s'arrête net en fixant le vieil homme.

FEDERICO (L'air sérieux)

Expliquez-moi ce qui m'arrive ?

VIEIL HOMME

Tu as beaucoup de chance de vivre ça.

FEDERICO

De vivre quoi ? Qu'est-ce que je suis censé faire ?

Federico avance doucement au milieu de la voie.

Bien qu'il regarde du côté indiqué par la flèche peinte au sol, il ne voit aucun véhicule susceptible de le percuter, pourtant, un coup de klaxon retentit dans le sens contraire et un véhicule le percute violemment. Sur l'autre voie, un véhicule roule normalement à contre sens. Federico est à terre. Les cloches résonnent. Il a les yeux ouverts et regarde vers le ciel.

9. INT – TRAJET DANS L'AMBULANCE – JOUR.

Federico a les yeux entrouverts. On entend toujours ces cloches qui sonnent à la volée. Un attroupement se forme autour de lui. Le conducteur du véhicule sort puis prend son téléphone et compose un numéro. Une ambulance arrive ensuite et Federico est pris en charge par les secours. De son point de vue, il n'aperçoit que de vagues ombres qui s'agitent autour de lui. Et toujours ces cloches qui retentissent à brefs intervalles. Il est allongé sur un brancard dans une ambulance en marche. Les cloches retentissent toujours mais moins vite. Une jeune femme dont on ne voit pas le visage se tient près de lui. Elle l'éblouit avec la lumière d'une lampe torche qu'elle tient dans sa main.

JEUNE FEMME (Voix douce lointaine)

Je m'fais tellement de soucis pour toi.

L'ambulance s'arrête. Les portes s'ouvrent, il est transféré vers un hôpital et les cloches résonnent encore moins vite que précédemment. On reconnait la jeune femme du cinéma tenir la main de Federico pendant le transfert. Ce dernier ouvre légèrement les yeux, se tourne vers elle puis lui adresse un tendre sourire. On voit la main de la jeune femme lui caresser le visage lentement. Le brancard transite ensuite par le hall de l'hôpital. On ne perçoit alors autour d'eux que des visages flous sur des corps bien nets.

FEDERICO (A LA JEUNE FEMME)

S'il te plait, ne me laisse pas seul.

Ils approchent des doubles portes donnant accès au couloir des urgences. La jeune femme les pousse et fait transiter le brancard de l'autre côté. On voit un panneau au-dessus des portes battantes sur lequel est inscrit : « Accès réservé au personnel ». Et encore la silhouette d'un personnage en mouvement dans le sens inverse de la flèche indiquée.

10. INT – SALLE DE CINEMA - NUIT.

Federico est allongé sur un brancard. L'atmosphère froide et impersonnelle du hall de l'hôpital n'est plus. Ce qui devait être un couloir aseptisé ressemble désormais au couloir du cinéma avec le même papier peint en mouvement et la même distance qui sépare de l'autre porte. Les cloches ne retentissent plus. Il se lève sans difficulté puis regarde autour de lui, il est seul.

Il se rend ensuite vers l'autre bout du couloir et franchit sans hésiter la seconde porte. On reconnait le même cinéma que précédemment. La salle est vide, les statues représentent désormais un même personnage féminin masqué. On voit une lampe torche allumée, posée à terre. Intrigué, il la ramasse puis s'avance. D'autres images du film « ŒDIPE ROI » continuent de se projeter à l'écran. Il s'installe au premier rang et se focalise sur le film. A l'écran, Œdipe s'approche d'une femme mystérieuse au pied d'un arbre feuillu. Elle porte un long masque qui recouvre l'ensemble de son visage. FEDERICO regarde avec intérêt. L'oracle annonce à ŒDIPE qu'il tuera son père et couchera avec sa mère. Federico montre son étonnement puis entend la voix d'un homme sangloter. Il se retourne et aperçoit le vieillard. Sans hésiter, il se lève et part s'assoir près de lui.

FEDERICO (Impatient)

Qu'est-ce que j'dois faire pour arrêter tout ça ?

VIEIL HOMME (Enigmatique)

Je sais ce que tu ressens… Tu te dis que tu n'as pas le temps de comprendre, qu'il se passe des choses que tu ne peux pas changer mais…tu vas devoir choisir.

FEDERICO (Désorienté)

Je l'ai vu…mort. Et après… J'comprends plus rien.

VIEIL HOMME

Si tu suis cette fille, il mourra. Mais, c'est peut-être son destin.

FEDERICO (Paniqué)

Quelle fille ? Quel destin ? Pourquoi Tomaso ne me dit rien ? Il y a bien quelque chose à faire ?

VIEIL HOMME (Soupirant)

J'ai bien peur qu'on soit obligé de vivre avec.

Federico remarque que le vieil homme porte un bracelet identique au sien. La lampe torche qu'il tient se met à clignoter de plus en plus vite.

FEDERICO (Enervé)

Pas question que ça se passe comme ça. Je ne suis pas fataliste comme vous.

Le vieil homme montre son mécontentement en soupirant puis il se lève, aidé par sa canne et porte un coup violent à la tête de Federico qui s'écroule. Ecran noir.

11. INT – HOPITAL – NUIT.

Federico se réveille, désorienté, seul, dans un lit d'hôpital. Il se frotte le crane puis se relève et s'avance, l'air méfiant, vers la porte de sa chambre. Il l'ouvre doucement avant de quitter la pièce.

On se focalise ensuite sur l'aiguille des secondes de l'horloge accrochée au mur qui se déplace à l'envers. Il s'avance dans un long couloir et ouvre quelques portes mais ne trouve que des chambres vides. Il longe alors un autre couloir mais toujours rien. Soudain, on entend le bip régulier d'un électrocardiogramme provenant d'une chambre. Il s'en approche doucement puis pousse la porte et découvre avec stupeur, son père, allongé, les yeux fermés. Il s'avance d'un pas tremblant vers son lit, l'air apeuré. On perçoit mieux les tubes d'oxygénation reliant Vito à une machine. Federico reste immobile face au corps de son père. Il avance sa main de plus en plus tremblante vers son visage mais la retire brusquement lorsque Mela et Tomaso arrive. Mela laisse tomber son sac à main à peine entrée dans la chambre puis court au chevet de son mari. Federico s'écarte d'elle et la regarde se morfondre près de lui. Tomaso se tient derrière elle, il inspire profondément en entrant.

MELA (Agenouillée)

Je savais que ça arriverait. Il se contenait trop. Cette histoire…Ça l'a bouffé de l'intérieur.

Mela se tourne vers ses enfants, les yeux rouges.

MELA

Il voulait juste vous donner ce qu'il n'a pas eu.

Federico n'ose regarder sa mère dans les yeux.

MELA (Bouleversée)

Qu'est-ce que je vais devenir.

Tomaso voit son frère perturbé. Ce dernier commence à trembler et serre les lèvres, les larmes lui montent aux yeux. Mela échange un regard accusateur envers Federico. Après un court instant, Federico baisse les yeux. Voyant cela, Tomaso se rapproche de son frère d'un pas décidé et lui parle à l'oreille avant de passer un bras autour de ses épaules.

TOMASO (A FEDERICO)

Tu n'es responsable de rien.

Tomaso le pousse hors de la pièce sous les pleurs de Mela. Sur le pas de la porte, il se retourne un bref instant vers sa mère, l'air triste puis remue sa tête en guise de refus. Dans le couloir, Federico fait les cents pas. Tomaso le rejoint et le stoppe en prenant sa tête entre ses mains.

TOMASO (Bienveillant)

Ne t'excuse jamais de vouloir vivre ta vie ! Tu vas te marier, avoir des enfants et tu feras tes propres choix. Laisse-moi gérer ça, arrête de culpabiliser.

La respiration de Federico, jusqu'alors soutenue, ralentit.

FEDERICO (Contrarié)

Comment tu fais pour supporter ce chantage ?

Tomaso sourit et le prend dans ses bras. Ils s'étreignent avec émotion. Par-dessus l'épaule de Tomaso, on voit le vieil homme à l'autre bout du couloir qui se maintient à l'aide de sa canne. Il rentre ensuite dans un ascenseur.

FEDERICO (Pressé)

J'trouverai un moyen de nous sortir de tout ça.

Federico poursuit le vieillard laissant son frère dans l'incompréhension totale. Il arrive à hauteur de l'ascenseur mais il se referme devant lui. Il appuie plusieurs fois sur le bouton d'appel mais en vain puis regarde la porte menant aux escaliers de service et l'emprunte à toute allure. Descendant les marches rapidement, il arrive au troisième étage, poursuit sa cavalcade puis se fige brusquement devant une indication sur le mur : Quatrième étage.

FEDERICO (Essoufflé)

Réfléchis. Il y a six étages…Tout est inversé…

Il remonte alors à nouveau un étage puis trois autres encore et voit inscrit : RDC. Il s'adosse au mur en fermant les yeux. Il inspire avant de la franchir la porte puis on découvre le hall de l'hôpital, totalement vide. Il le traverse et sort. On voit l'horloge indiquant les secondes tourner à l'envers.

12. EXT – DANS LE VILLAGE – NUIT.

Federico balaie du regard les alentours, il n'y a personne. Trois routes se présentent à lui, pourtant, une seule est éclairée par des lampadaires. Les lumières tracent un trajet précis et l'oriente clairement vers une direction. Il marche d'abord puis court en plein milieu de cette voie illuminée. Soudainement, après avoir parcouru une centaine de mètres, les lumières s'éteignent. Il stoppe alors sa course incessante, essoufflé, l'air perdu.

FEDERICO (Haute voix)

Qu'est-ce que je dois faire ?

Federico tombe à genoux, désemparé.

FEDERICO (Haute voix)

Sauver Tomaso ? Suivre cette fille ?

Federico reste dans l'obscurité.

FEDERICO (Haute voix)

Est-ce que je dois juste…être moi-même ?

Les lumières se rallument. Le chemin nouvellement éclairé indique une voie menant à une maison qui lui apparait nettement, la sienne. Federico se relève et s'y dirige.

13. INT – MAISON FAMILIALE – NUIT.

Federico, désormais plus concentré, se tient devant la seule maison éclairée du quartier.

Les lampadaires sont éteints juste après elle. Il prend un temps avant d'ouvrir la porte. Avec discrétion, il pénètre à l'intérieur puis s'avance vers la cuisine où il entend un homme tousser. On voit Vito, seul. Federico inspire profondément en le voyant.

FEDERICO

Salut.

Vito se tourne vers son fils.

FEDERICO (Hésitant)

Ecoute, euh…Je sais que je t'ai causé pas mal de soucis ces derniers temps et on n'a pas vraiment eu le temps d'en parler. En fait, on n'a jamais vraiment… parlé. Peut-être qu'on devrait… essayer ?

VITO (Souriant)

Parler de quoi ?

FEDERICO

Je n'sais pas... De ce qu'on...ressent, ce qu'on ne s'est jamais dit. Les choses s'enchainent... Comment tu vas ?

Vito se met à rire.

VITO (Souriant)

Je vais très bien, merci. Tu devrais plutôt penser à bien accueillir ton invitée, tu ne penses pas ?

La sonnerie de la porte d'entrée retentit. Federico est surpris et semble effrayé. Son père le regarde d'un air rieur. Federico voit cinq couverts posés à table du salon. Tomaso et Mela, assis sur le canapé, sont vêtus de façon très élégante.

TOMASO (Souriant)

Qu'est-ce que t'attends ? Va ouvrir à CATHY !

Il ouvre enfin la porte d'entrée et l'on découvre la jeune femme du cinéma, très élégamment vêtue, un bouquet de fleurs à la main. Ils se regardent intensément puis il lui sourit.

CATHY (Souriante)

Quel regard. On dirait que c'est la première fois que tu m'vois. J'suis terrorisée. Bon, tu m'laisses entrer ? J'vais pas rester sur le pas de la porte.

Elle rentre, l'embrasse tendrement puis lui caresse le visage sans qu'il n'oppose de résistance.

CATHY (Surprise)

Oh tu portes encore mon bracelet ? Bientôt, t'auras une bague au doigt en plus.

Federico, décontenancé, regarde le bracelet puis Cathy. Ils s'avancent ensuite vers le salon après qu'elle se soit défait de son manteau. Toute la famille de Federico s'approche d'elle timidement. Cathy fait maladroitement tomber le bouquet.

CATHY (Gênée)

Désolée, je suis toujours maladroite quand…enfin…Désolée.

Vito et Tomaso rient et l'aident à le ramasser. Les présentations commencent et les accolades se succèdent sans que l'on entende ce qu'ils se disent. Federico se tient près de Cathy qu'il voit sourire puis embrasser chacun des membres de sa famille.

Elle tend ensuite le bouquet à Mela qui le saisit froidement. On voit alors naitre un sourire sur le visage de Federico que l'on voit attendri. Tout le monde est installé à table et dine tranquillement. TOMASO sourit à son frère.

VITO (Chaleureux)

Alors Cathy, parlez-nous de vous.

CATHY (Voix douce)

Eh bien, je travaillais avec ma mère. Elle vend des bijoux et des articles de beauté. J'ai repris mes études de médecine pour ne plus être dépendante. Ce n'est pas facile mais je m'accroche.

Tomaso regarde son frère pendant que ce dernier, totalement envouté, écoute Cathy se présenter.

CATHY

J'ai toujours voulu être médecin mais je ne regrette pas ces années où j'ai bossé avec ma mère, c'est comme ça que j'ai rencontré Federico d'ailleurs. Je me souviens parfaitement ce moment, c'était magique.

Cathy prend la main de Federico, surpris par ce geste de tendresse. Mela le remarque mais ne s'attendrit pas.

TOMASO (A CATHY)

Vous étiez fait pour être ensemble. Je n'aurai jamais pensé que mon petit frère se trouverait une fille aussi jolie que toi. Il est tellement dans son monde.

VITO (A CATHY)

On a tous été surpris d'apprendre que vous entreteniez une relation depuis tout ce temps. Il n'a rien montré. Ça doit lui venir de son père.

Federico regarde avec attention sa mère pendant leur échange. On la voit à l'écart de la discussion. Mela lève les yeux et regarde Federico avec défiance.

TOMASO (A CATHY)

T'es allée en Australie ? J'adorerai y aller aussi.

Mela reste impassible contrairement aux autres. Le regard de Federico oscille entre le regard accusateur que lui porte sa mère, l'échange chaleureux entre Cathy et Tomaso et le sourire contenu de Vito.

Ce dernier pose fermement sa main sur son épaule. Père et fils se regardent affectueusement un moment puis Federico saisit son verre et se lève.

FEDERICO (A tous)

J'aimerais porter un toast. Vous vous êtes battus pour que je ne manque de rien et je vous dois vraiment tout ce qu'il m'arrive de bien. La vie change, c'est une bonne chose mais le plus important…C'est que l'on reste unis.

Cathy lève son verre. Tomaso ne suit pas la tendance et vient carrément enlacer son frère. Vito inspire profondément puis rejoint l'accolade familiale. Seule Mela reste assise, le visage fermé. Cathy se lève et s'approche aussi.

CATHY (Souriante)

Moi aussi je peux ?

Cathy se fait encercler par les bras des trois hommes. Le moment est rempli de tendresse.

MELA (Sèchement)

Tu voulais peut-être aussi nous parler de la lettre de démission que tu comptais nous envoyer ?

L'atmosphère se glace. Les regards convergent vers Federico.

FEDERICO (Gêné)

De quoi tu parles maman ?

MELA (Sournoise)

Ne fais pas comme si tu ne sais pas de quoi je parle. Tu comptais nous l'annoncer ce soir ?

Mela regarde Federico d'un air menaçant.

MELA (Désigne CATHY du doigt)

C'est elle qui t'a aidé à l'écrire ? Tu crois que tu peux tout balancer, juste pour elle ?

VITO (Surpris)

Attends ! C'est quoi cette histoire ?

FEDERICO (Mal à l'aise)

Attendez…Euh…Quelle lettre ?

CATHY (Crispée)

Mais…Tu m'avais dit que tu l'avais déjà envoyée.

Un instant, dans un silence marqué, on voit Federico partagé entre sa mère qui ouvre grand ses yeux, Vito et Tomaso, gênés et Cathy. Le visage de cette dernière devient de plus en plus rouge à mesure qu'il laisse l'ambiguïté s'installer. Ce silence de plus en plus pesant suffit à la faire fondre en larmes. Tous les regards sont portés sur Federico.

FEDERICO (Se parle à lui-même)

La lettre…ma démission…Le malaise…Tomaso.

Sans qu'il ne réussisse à la retenir, Federico voit Cathy fuir la pièce en pleurant. Mela reste imperturbable.

FEDERICO (A tous)

Il faut sérieusement qu'on parle. Ca ne peut pas toujours finir en tragédie.

MELA (Agressive)

Alors fais un choix !

Federico se rapproche de la sortie mais avant cela il se tourne vers sa famille.

FEDERICO (Pressé)

Je reviens vite et on clarifie toute cette histoire.

Federico quitte la pièce. Il referme la porte d'entrée derrière lui, on ne voit plus le manteau de Cathy.

<u>14. EXT – DEVANT LA MAISON FAMILIALE – NUIT.</u>

Il fait totalement nuit. Les lumières des lampadaires éclairent uniquement la maison et la rue devant elle. Un homme avec une canne se tient de dos au milieu de la voie. Federico arrive à sa hauteur et il se tourne vers lui. Il s'agit du vieil homme du cinéma. Ils se font face. Federico scrute les traits de son visage. On remarque chez lui, une tache de naissance au même emplacement que celui de Federico.

Vieil homme (Intriguant)

C'est ce jour-là que tout a basculé pour moi. Je l'ai laissé partir et ne l'ai jamais rappelé.

Federico reste figé devant le vieil homme.

VIEIL HOMME (Bienveillant)

Tu as raison après tout, il ne faut pas être défaitiste. Il doit bien y avoir une issue mais le problème c'est que j'ai aucune solution à t'apporter. Nos personnalités à tous sont constituées de facettes contradictoires.

FEDERICO (Réfléchit à voix haute)

Alors… Tout n'est pas obligé de se passer comme ça ? Ça dépend de moi ? De mes choix ?

VIEIL HOMME

Il faut que tu fasses appel à la meilleure partie de toi, la plus courageuse. Mais ça ne suffit pas à empêcher les personnes que tu aimes de faire des erreurs. Ils font leurs choix eux aussi.

Un bruit de vaisselle parvient depuis l'intérieur de la maison. On voit Vito, à travers la fenêtre, accrocher la nappe et faire chuter une partie de la vaisselle. Federico se retourne et voit à travers la fenêtre Tomaso et Mela s'abaisser au niveau de Vito en le secouant.

Il se tourne ensuite vers le vieil homme qui a disparu puis ouvre grand ses yeux en respirant vite et fort. Il retourne à l'intérieur et referme la porte derrière lui.

15. INT – SALLE DE CINEMA – NUIT.

On reconnait soudainement le même couloir que dans le cinéma. Federico se tire les cheveux et répète avec désolation NON, NON, NON. Il court alors vers l'autre extrémité du couloir et franchit l'autre porte. Une fois rentré dans la salle, on voit tous les sièges vides. Il s'installe au premier rang puis regarde l'écran.

Le film est bien entamé. A l'écran, un homme aveugle se présente à Œdipe et prétend connaitre la raison de son malheur. Il prononce une phrase doublée par la voie du vieil homme que l'on entend depuis un siège derrière lui. Conjointement, ils disent « Ce que l'on refuse de voir n'existe pas, ce que l'on admet, existe ». Federico se retourne brusquement. Depuis son siège, il voit sa famille ainsi que Cathy installée de part et d'autre du vieil homme. Cathy et Vito partagent bizarrement du pop-corn en regardant le film. Mela, tout aussi bizarrement, sourit et prend un temps pour le saluer par un geste de la main depuis son siège tandis que Tomaso, imperturbable fixe l'écran. Le vieil homme se penche alors vers Federico.

VIEIL HOMME (Tourmenté)

Le plus difficile, ce n'est pas de faire des choix. C'est de faire les bons et au bon moment. Tu as été courageux.

FEDERICO lui sourit tendrement.

VIEIL HOMME (Soupirant)

Tu vas me manquer. J'aimerais mieux te conseiller mais je ne suis pas certain que ça t'aide.

FEDERICO (Moqueur)

Vous m'aidez beaucoup pourtant. Il suffit que je fasse l'inverse de ce que vous feriez pour être sûr de ne pas me tromper.

Ensemble, ils rient.

VIEIL HOMME

Je ne suis pas certain que ce soit si simple.

Federico reste muet, l'air attendri. Il regarde à nouveau ses proches, happé par le film.

VIEIL HOMME (Pointant l'écran)

Tu devrais vraiment réparer cette chaise.

Federico se retourne et l'on reconnait, projeté à l'écran la boutique dans laquelle il travaille avec son frère. On voit Federico, debout sur une chaise, ranger des affaires sur une étagère. Quant à Tomaso, il tient une grande enveloppe orange dans sa main qu'il dépose sur le comptoir.

Le téléphone sonne, Tomaso répond, la communication ne dure qu'un bref instant et il échange des banalités. Soudain, on entend le craquement de la chaise qui se brise. Federico s'écroule violement de tout son poids à terre. Tomaso s'approche alors de lui, l'air affolé puis regarde à l'extérieur. Il lui demande s'il se sent bien, plusieurs fois.

VIEIL HOMME (Chuchotant à Federico)

Maintenant réveille-toi. C'est à toi de jouer.

16. INT – ENTREPRISE FAMILIALE – JOUR.

On retrouve Federico qui reprend connaissance, allongé par terre à côté d'une chaise brisée. Tomaso est accroupi à côté de lui et tient une enveloppe orange qu'il dépose ensuite sur le comptoir. FEDERICO inspecte, l'air perdu, son poignet mais ne voit rien autour. Le téléphone sonne, Tomaso répond et échange des banalités. Federico se relève péniblement.

TOMASO (A FEDERICO)

Est-ce que ça va ? Je savais qu'il fallait qu'on répare cette foutue chaise.

Federico scrute les lieux.

TOMASO

Tu m'as fait peur. Tu t'es évanoui et tu parlais en même temps.

Federico fronce les sourcils. Il s'attarde sur l'enveloppe orange posé sur le comptoir puis regarde Tomaso.

FEDERICO (D'une voix faible)

Qu'est-ce que je disais ?

TOMASO

J'ai pas tout compris mais tu appelais une certaine Cathy. C'est une amie à toi ?

FEDERICO (Troublé)

Euh…Non…Enfin, je ne sais pas.

On voit Federico réfléchir un instant. Tomaso tend ensuite sa main et Federico la saisit pour se relever.

FEDERICO

Cette enveloppe…C'est ton engagement ?

Tomaso est surpris et marque un arrêt en fixant son frère.

TOMASO

Comment tu sais ce qu'il y a dedans ?

FEDERICO

T'es mon frère. Je veux que tu saches que je te soutiendrai quoi que tu décides.

Tomaso marque une pause.

TOMASO (Contrarié)

C'est pas si simple…

Il retourne ensuite près du comptoir.

FEDERICO (Convainquant)

Ils nous tiennent au chantage. Mais si on leur fait face, toi et moi…Ils ne pourront pas refuser.

Tomaso fuit le regard de Federico qui s'est rapproché de lui entre temps. Tomaso soupire.

FEDERICO

On va pas rester bosser là toute notre vie. Le plus difficile, c'est pas de faire des choix, c'est de faire les bons au bon moment.

Tomaso regarde enfin Federico dans les yeux. Les deux frères se fixent intensément un moment sans parler.

TOMASO (Etonné)

Qu'est ce qui s'est passé pendant ta chute ? C'est cette Cathy qui t'as rendu plus mûr ?

Les deux frères rient. Federico saisit l'enveloppe et la présente à son frère.

FEDERICO

Je serai avec toi. On leur dira en douceur.

Tomaso regarde l'enveloppe un instant, soupire puis la saisit en souriant à son frère.

TOMASO

D'accord. Mais avant, tu répares cette chaise.

Au même moment, une femme élégante d'une cinquantaine d'année fait son entrée. Tomaso se présente à elle à l'entrée. Federico, quant à lui, s'installe sur le siège derrière la caisse enregistreuse, l'air pensif. Tomaso regarde une panoplie de bijoux fantaisie que la femme lui présente. Soudain, Cathy fait son entrée, tout sourire. C'est la même que celle qu'a rencontré Federico, cette fois les bras chargés de nouveaux présentoirs. Federico, depuis son siège, ouvre grand ses yeux, il la fixe alors qu'elle ne le voit pas encore. Lorsqu'elle se tourne enfin, après quelques secondes, elle s'arrête net à tel point que Tomaso remarque l'échange intense qui s'est créé entre eux.

TOMASO (A CATHY)

Vous vous connaissez ?

CATHY (Intimidée)

Euh, non…Enfin je ne crois pas.

Tomaso et la femme face à lui échangent un regard complice en les voyant, figés l'un devant l'autre. Cathy s'avance doucement vers Federico, les bras toujours chargés.

FEDERICO (Enchanté)

Bonjour. Bien…bienvenue.

Cathy s'apprête à poser ses présentoirs sur le comptoir mais elle les fait tomber maladroitement.

JEUNE FEMME (Timide)

Désolée, je suis toujours maladroite quand…Je vous ai apporté… un cadeau pour vous montrer notre travail.

Cathy ramasse ses colifichets et les posent sur le comptoir. Elle attrape délicatement un bracelet identique à celui qu'elle avait offert à Federico pendant son sommeil et lui montre. Federico le regarde avec un plaisir naissant.

CATHY (L'air satisfait)

Il a l'air de te plaire.

Cathy l'accroche délicatement au poignet de Federico qui se laisse faire puis il la regarde affectueusement.

FEDERICO(Intrigué)

Est-ce qu'on se connait ?

CATHY (Fixe TOMASO)

Je ne crois pas non.

FEDERICO (Souriant)

Merci. Ca me plait vraiment. Enchanté, Federico.

Entre temps, Tomaso se rapproche du comptoir avec cette femme plus âgée puis regarde le bracelet que Cathy vient d'accrocher au poignet de Federico et il montre ainsi sa satisfaction.

TOMASO (A CATHY)

Ta mère me disait qu'elle est à la fois triste que tu la quitte mais contente que tu reprennes tes études.

Tomaso tend sa main à Cathy.

TOMASO (Souriant)

Bonjour, moi c'est Tomaso.

CATHY (Souriante)

Bonjour, Enchantée, Cathy.

Tomaso regarde Federico tandis qu'il serre la main de Cathy. Federico ouvre grand ses yeux. Cathy porte un regard rempli d'étonnement sur Federico, lui- même fixant son frère. Tous les visages se tournent ensuite vers Cathy dont le regard oscille rapidement entre toutes les personnes présentes. La mère de Cathy, restée en retrait redresse la chaise bancale.

MERE DE CATHY

Vous devriez vraiment réparer cette chaise.

FIN

Printed by Books on Demand GmbH, Norderstedt / Germany